爱上地理课

AISHANG DILIKE

尼泊尔的首都·加德满都

NIBOER DE SHOUDU · JIADEMANDU

知识达人 编著

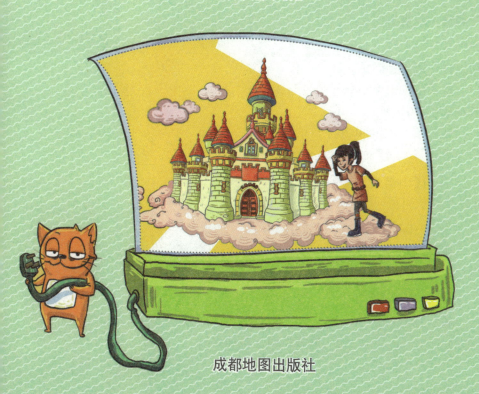

成都地图出版社

图书在版编目（CIP）数据

尼泊尔的首都：加德满都／知识达人编著 . —成都：
成都地图出版社，2017.1（2021.8 重印）
（爱上地理课）
ISBN 978-7-5557-0428-7

Ⅰ . ①尼… Ⅱ . ①知… Ⅲ . ①加德满都—概况 Ⅳ .
① K935.55

中国版本图书馆 CIP 数据核字 (2016) 第 208126 号

爱上地理课——尼泊尔的首都·加德满都

责任编辑：向贵香
封面设计：纸上魔方

出版发行：成都地图出版社
地　　址：成都市龙泉驿区建设路 2 号
邮政编码：610100
电　　话：028－84884826（营销部）
传　　真：028－84884820

印　　刷：唐山富达印务有限公司
（如发现印装质量问题，影响阅读，请与印刷厂商联系调换）

开　　本：710mm×1000mm　1/16
印　　张：8　　　　　　　　字　　数：160 千字
版　　次：2017 年 1 月第 1 版　印　　次：2021 年 8 月第 4 次印刷
书　　号：ISBN 978-7-5557-0428-7
定　　价：38.00 元

主人公简介

大胡子叔叔

42岁的詹姆斯·肖，美国人，是位不折不扣的旅行家和探险家，足迹遍布世界许多国家。因为有着与肯德基爷爷一样"茂盛"的胡子，所以被孩子们亲切地称为"大胡子叔叔"。

吉米

10岁的美国男孩，跟随在大使馆工作的父母居住在中国，是大胡子叔叔的亲侄子。他活泼好动，古灵精怪，对世界充满好奇。

主人公简介

映真

11岁的韩国男孩，汉语说得不好，但英语说得很流利。他性格沉稳，遇事沉着冷静。

花花

10岁的中国女孩，自理能力差，有一点点任性和霸道。她的父母与映真的父母是很要好的朋友。

目录

目 录

리言

　　"我们可算是到加德满都了！"一走出机舱，花花就开始狂呼起来，她在飞机上期待已久的目的地终于到了。

　　"我们终于到欧洲了。"吉米刚醒过来，此时还有点迷糊。

　　"吉米，你在梦游吧！这里可是美丽的南亚。"地理学习好的映真忙纠正道。

　　花花看着吉米，站在一边咧嘴大笑着，吉米被花花笑得脸都红了。"这里是南亚吗？我怎么没看出来！看起来和英国真的很像呢！"吉米有点发懵地说。

　　"我说吉米，你好好看看，这里哪里和英国像呢！"花花的小嘴真是不饶人。

　　这时，大胡子叔叔笑了，他摸着吉米的脑袋说："孩子，这里是南亚的加德满都。"说完，他将目光投向花花补充道，"不过呢，加德满都和英国还真是有些相像的地方呢！"

　　"大胡子叔叔，你没有开玩笑吧，英国怎么会和这里相像呢？"花花惊奇地瞪大了眼睛。

　　大胡子叔叔笑着解释说："孩子们，这里属于高原高山气候，气候温和、降水适中，而英国属于温带海洋性气候，全年温和湿润。仅凭这一点，你们说它是不是和英国有些像呢？"

"怪不得刚下飞机，我就感觉很舒服呢。"映真露出陶醉的神情。

"原来是这样啊！那大胡子叔叔，你给我们介绍一下这座城市吧！"花花拽着大胡子叔叔的手撒娇道。

"哈哈，好的，孩子。我们现在所在的加德满都，是尼泊尔的首都，也是一座拥有1000多年历史的古老城市。它见证了尼泊尔历代王朝的兴起和衰败，孕育了尼泊尔独特的艺术文化。"大胡子叔叔捋了捋胡子，继续说道，"加德满都以精美的木石雕刻和建筑艺术成为尼泊尔古代文化的象征。"

"刚才我在飞机上看见这座城市周围有很多山呢！"花花说道。

"没错，加德满都是个四周环山的城市，到处苍松翠柏，所以人们亲切地称它为'山中天堂'。得天独厚的地理条件使加德满都成为世界闻名的游览胜地。"大胡子叔叔介绍说。

"山中天堂，好美的名字啊！"映真不禁赞叹起来。

"大胡子叔叔，赶紧开始我们的行程吧！我已经迫不及待地想要了解这个美丽的城市了。"吉米说完，做了一个后空翻，可是他最后没站稳，向着大胡子叔叔的怀里倒去了。大家哈哈大笑起来……

第1章

纽巴丽式建筑

"大胡子叔叔，太阳都晒屁股了，你快带我们出去玩吧！"在酒店里休息了一晚的孩子们，精神都非常好。一大清早，他们就跑到大胡子叔叔的房门前催促道。

伴随巨大的敲门声门缓缓打开了，"孩子们，早啊！"大胡子叔叔有点无奈地笑道。

　　"叔叔，赶紧开始我们今天的旅程吧！"吉米迫不及待地说着，面对新鲜、陌生的城市，他的热情是几个孩子中最高的。

　　稍作整理，大胡子叔叔便带着三个孩子走向了加德满都的大街。

　　"大胡子叔叔，这里怎么没什么高楼大厦啊，连比较宽阔的道路都没有。不是说这里有很多的外来人吗？"吉米好奇地问道。

　　"大胡子叔叔，这里的建筑为什么都修建得一样呢？不过它们真漂亮啊！"花花也发出了自己的疑问。

　　大胡子叔叔笑了："孩子们，这个你们就不知道了吧。加德满都虽然居住着很多来自世界各地的人，但是生活在这里的尼泊尔人受传统教育影响，一直坚守自己的传统文化。所以，我们在这里看不到那些大都市的建筑。不过也正是因为他们的坚持，这里的传统建筑才保存得如此完整。"

"怪不得很多人都要来这里游玩呢！"映真听到大胡子叔叔的话，赞许地说。

"对啊，若是没有这些非常有特色的建筑，哪会吸引这么多游人呢！"大胡子叔叔边走边说。

"大胡子叔叔，你发现没有，这里的建筑和我们中国的故宫很像呢！"花花指着前方不远处的那栋高大的房子说着。

　　"花花，你怎么会这么认为呢？"大胡子叔叔头转向花花，微笑地看着这个可爱的小姑娘问道。

　　"暑假时爸爸妈妈带我游览了故宫，我觉得它们都是很庞大的建筑，颜色也非常相似，都带着金色和红色，非常漂亮。"花花满脸都是得意的神情。

　　"哈哈，花花，你说得真棒！"大胡子叔叔大声地赞扬着花花，"是的，这里的建筑虽然和我们的故宫不完全一样，但是它们有很多相同的地方呢。首先，它们都非常庞大，也非常宏伟。其次，故宫是当时皇帝所建造，加德满都的建筑也是由当时的王族所建造的。最

　　后，它们都是历经千年的古老建筑！"大胡子叔叔笑着解释道。

　　"原来如此，怪不得这里的建筑都那么大气，颜色也那么鲜艳。"映真也去过故宫，对花花的说法表示赞同。

　　大胡子叔叔说："这么美丽的建筑还有一个好听的名字呢。你们想知道吗？"大胡子叔叔看着三个孩子，只见他们连连点头。

　　大胡子叔叔笑着说："这些带有尼泊尔民族风格的建筑有一个统称叫'纽瓦丽式建筑'。"他一说完，三个孩子就发出了疑问。

　　"叔叔，这里叫加德满都，既不叫纽瓦丽，也没有什么地名叫纽瓦丽，为什么人们会给这里的建筑起这个名字呢？"吉米有点想不

纽瓦丽人

通，映真在一边使劲地点着头，看样子他也非常想知道这个答案。

　　"我猜，这里一定有一个设计师叫纽瓦丽，人们才这样叫的。"花花想了一会儿，说出了自己的想法。

　　大胡子叔叔看到三个孩子疑惑的表情，忍不住大笑起来，接着他又解释道："孩子们，这个纽瓦丽既不是人名，也不是地名哦。它和我们经常听到的地中海风格、东南亚风格一样，只是一种非常具有特色的建筑风格。"

　　"啊，原来它不是人名啊！但是，为什么不叫尼泊尔风格或者加德满都风格呢？"花花继续追问。

　　大胡子叔叔捋了捋长长的胡须继续解释道："纽瓦丽人被认为是

加德满都最早的原住民。在长期的生产和生活中，形成了独特的'纽瓦丽文化'，最终创造出美妙绝伦的尼泊尔艺术和建筑。"

"这里一定有很多珍贵的文物吧？"吉米歪着头问道。

"没错，孩子，很多城市博物馆里保存着的物品都没有这里的完整呢！"

"哇，真的吗？"花花一脸惊讶地看着身边的一切。

"是啊，孩子们，你们不知道吧。加德满都可是一个遍地都有历史的地方呢，说不定我们脚下的这些台阶都有很多故事呢！"大胡子叔叔对花花说。

"天啊，我要是从这里挖一块石头回去，也算是文物了吧？"吉米的脑子又开始异想天开了。

"你搬啊，说不定一会儿就有人来把你抓走了！"花花站在一边看着吉米说。吉米一想起叔叔说的话，不由得打了一个哆嗦，赶紧打消了念头。

　　"大胡子叔叔，我们赶紧到前面去看看吧。好像前面那些建筑更加漂亮。"映真没理会花花与吉米的拌嘴，他的眼睛直直地看着前方建筑墙上的一些壁画，他恨不得贴到墙壁上了。

　　大胡子叔叔笑着招呼吉米和花花："孩子们，映真发现了好地方哦，咱们赶紧去看看吧。"

　　大胡子叔叔一发话，吉米和花花马上停止了拌嘴，紧跟大胡子叔叔，朝着前方跑去了。

第2章 入乡随俗很重要哦！

"吉米，你不要乱跑啊！加德满都很热闹，你要是丢了我会找不到你呢！"大胡子叔叔有些无奈地对吉米说。

可是吉米还是像一只小猴子一样，蹦蹦跳跳，到处乱摸，看什么都很好奇。

"吉米，你看，这里满大街都是小猴子，你和它们很像呢！"花花在吉米的身后说着，映真则在一旁咧着嘴笑。

吉米听见花花的话，马上放慢了脚步，和大家走在了一起。

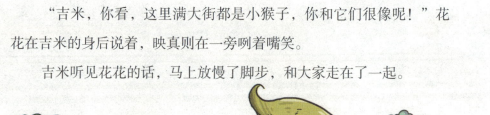

"孩子们，生活在加德满都的人有很多风俗习惯，俗话说'入乡随俗'，我们应该了解并尊重当地的风俗习惯。吉米刚刚的举动要是触犯了当地人的禁忌，咱们可是会惹麻烦的。"大胡子叔叔严肃地说，吉米见状，急忙把伸在外面胡乱摸东西的手缩了回来。

　　"叔叔，没这么严重吧？"吉米一脸疑惑，自己不就是摸了几下吗？哪会像大胡子叔叔说得那么严重呢！

　　"大胡子叔叔，这里的人很凶吗？"花花满脸惊慌，看样子她对这个地方已经感到恐惧了。

　　"大胡子叔叔，这里都有些什么样的风俗习惯呢？"映真怯生生地问。

　　大胡子叔叔见身边的孩子们都有点害怕，知道自己刚刚说得有

点严重了，连忙放缓语气，微笑着解释道："孩子们，其实你们也不要害怕。每个地方的人们都有自己独特的风俗习惯，我们只要入乡随俗，尽量不去触犯当地人的禁忌，就没事了。"

"哦，那你给我们讲讲吧，以免我们真触犯了什么禁忌。"花花说。

"我就简单地说两句吧。在这里吃饭的时候，我们不能用自己使用过的刀、叉、勺子去接触他们的食品或餐具。"

大胡子叔叔停顿了一会儿继续说："进入建筑、住宅之前，我们要记得脱掉鞋子；未经允许，不要用脚去碰尼泊尔人的物品，否则将被认为是一种不严肃的冒犯行为。我们还要注意一下自己的着装，不要穿得太暴露了，尤其是花花，你的超短裙尽量不要穿哦。更重要的一点是，这里很多地方都是禁止拍照的，所以如果我们想要拍

照，最好先咨询一下当地人是否允许，免得惹来麻烦。"

　　大胡子叔叔一边走，一边为几个孩子介绍当地的风俗习惯。说话间大家来到了一个长长的台阶前，看见很多人非常惬意地坐在上面晒太阳。孩子们也学着坐上了台阶，将脸转向暖融融的太阳，满是陶醉的表情。

　　"花花，幸亏大胡子叔叔告诉我们这些，不然的话，我刚刚就想拿出相机拍个够了。"映真对身边的花花说。

　　"是哦，这里的人怎么都不穿超短裙啊？好可惜，我不能随便穿了。"花花想到大胡子叔叔说的风俗，觉得有点可惜。她这一路真的看到了很多人，无论是小女孩还是妇女，她们穿得都很严实，有的人的衣服太长，把脚都遮住了。不过，尽管她们没有穿超短裙，但是看起来也很漂亮。

　　"映真、花花，你们看，他们吃西瓜的方式好奇怪啊！"吉米指着不远处的一幕惊叹道。映真和花花顺着他指的方向看去，都惊讶地张大了嘴。

　　只见不远处，有两个小孩抱着半个切开的西瓜。奇怪的是，他们将身边的一些调味粉都加入到甜美的西瓜里。红色的西瓜因为调味料的加入，颜色也发生了变化。

　　"你好！能和你们聊聊吗？"映真走近他们，用英语问道，他很希望对方能听明白。

　　"很高兴认识你，我叫尼克。"没想到其中一个小孩会英文，他热情地回应了映真。

"请问，你们为什么这样吃西瓜呢？"映真说出了自己心中的疑惑。

　　"你们是来游玩的人吧。这只是我们吃西瓜的一种习惯而已。我们觉得用这种方式吃西瓜，味道会更加香甜。你们也可以尝试一下啊！"尼克回答道，说完，还看了一眼不远处的花花和吉米。

　　"这里的人的口味真特别！"花花感慨地说。

　　"应该说，这里的一切都很特别。"吉米补充了一句。

　　三个小孩若有所思地靠坐在大胡子叔叔身边，晒着暖暖的太阳，他们对脚下的这片热土越来越感兴趣了。

第3章

三个杜巴广场

这一天，孩子们跟随大胡子叔叔来到了一个宽阔的广场，四周被各式各样的建筑包围着，放眼望去，全都是富有尼泊尔风情的纽瓦丽建筑。若是细细观察，甚至可以在那些墙壁的岩石缝里发现历史遗留下来的痕迹。

"大胡子叔叔，这是什么地方啊？这里真的是太宏伟了。"映真从来没见过这么壮观的景色，他已经忍不住地大声感叹了。说完，他回头看了看身边站着的吉米和花花，两个人脸上挂着同样惊讶的表情。

大胡子叔叔看着几个孩子，哈哈地笑了起来："孩子们，这里只是我今天带你们观赏的其中的一个景点而已。走吧，前面还有更美的景观等着咱们呢！"

　　"大胡子叔叔，这里到底是什么地方啊？你赶紧给我们讲讲吧。"花花已经迫不及待地想知道答案了，看样子她比映真还着急。

　　"这就是我们今天要参观的第一个景点——杜巴广场。"大胡子叔叔介绍说。

　　"杜巴广场？它为什么会取这样的名字呢？"映真疑惑地问。

　　"难道建造者叫杜巴吗？"花花想起中国的一些建筑常常以人名来命名。

　　"广场？这里的人也喜欢在广场上游玩吗？"吉米也发出了自己的疑问。

　　"哈哈，孩子们，你们的想象力不错哦。不过，这里之所以会叫这个名字，不是因为它的建造者叫杜巴。'杜巴'在尼泊尔语里是指'王宫'的意思。所以我们就可以把'杜巴广场'理解为'王宫广场'。"大胡子叔叔解释道。

　　"王宫广场？那么这里一定是王族居住的地方咯！"花花有点难以置信地自言自语。

　　"花花，你忘记了大胡子叔叔之前跟我们说的吗？在加德满都的历史上，出现过很多的王族。所以，我猜这里应该就是王宫。"映真站在花花的身边，听到了她的自言自语，便点头回答着她的疑问。

大胡子叔叔说："孩子们，你们猜对了。这里就是以前的王宫，相当于中国的紫禁城。这里是世界上最具有特色的广场之一，我们在这里可以看到很多不同时代的精美建筑，把这里称为艺术品一点儿也不过分。"

"叔叔，为什么这里会出现这么多建筑呢？而且这些建筑像是围着这个广场建造的呢！"吉米指着广场四周的建筑群问道。站在这个热闹的广场上，他突然觉得自己很渺小。

"吉米的问题很好。这里之所以有这么多建筑，是因为这个广场曾经是皇室宫殿的所在地。这个朝代的君主退位，下一代君主继位时，就会依据自己的喜好兴建理想的建筑。随着时间的推移，这个广场周围就慢慢地伫立起一座又一座精美的建筑，最终这里便成为独具

尼泊尔民族特色的区域。"大胡
子叔叔见孩子们一脸疑惑，又仔细
地讲解了关于杜巴广场的历史。

　　大胡子叔叔捋了捋胡子继续说，"孩子们，我们现在所看到的
'杜巴广场'在尼泊尔境内不止一处哦。"

　　"你说的是什么意思呢？"孩子们正仔细地观察着杜巴广场周围的
建筑，一听到大胡子叔叔说的话，一个个都惊讶地张大了嘴巴。原来这
么古老、辉煌的建筑竟不止一个，这也太不可思议了吧。

　　"哈哈，孩子们，不要惊讶哦。这是真的。除了加德满都，在
加德满都河谷的另外两个古城——帕坦、巴德岗还各有一个杜巴广场
呢。为什么会有这么多杜巴广场？这是因为当时尼泊尔国王的三个儿
子出现了争斗。他们各自占据了一块领土，将自己封为王。他们之间

不仅相互争斗，还相互攀比。每一个人都耗费巨资去修建王宫广场。就这样，在加德满都河谷，我们可以看到三个同样壮阔、辉煌的广场呢。"大胡子叔叔耐心地为孩子们解答。

"天啊，一个杜巴广场就已经让我们很惊讶了！"花花听完大胡子叔叔的解释，更加惊叹于眼前的景致了。

"大胡子叔叔，这三个杜巴广场外观全都一样吗？"映真转头询问着大胡子叔叔。

"不一样，我们现在看到的是最大的也是最热闹的一个杜巴广场。每一个杜巴广场都有自己独特的风格，它们之间有很多不同之处呢。"大胡子叔叔摇了摇头说。

"叔叔，你还等什么呢？赶紧带我们去参观一下另外两个广场吧！我们要好好比较一下，看看它们到底有哪些不同。"吉米兴奋地说道。要知道，他现在最喜欢的游戏就是《大家来找茬》呢。

"吉米，你不要着急，另外那两个杜巴广场离这里很远呢。改天我一定带你们去玩个够。今天咱们就好好在这里游览吧！"大胡子叔叔笑着摸了摸吉米的头。

吉米只好点了点头，重新跟在花花、映真的身后，去欣赏那些王宫建筑了。

第4章
加德满都的
小香港

"大胡子叔叔，今天你要带我们去哪里参观啊？怎么这街道两边的建筑和前几天看到的不太一样啊。"花花扯了扯走在前面的大胡子叔叔的衣角。她很好奇，他们还是在加德满都，可是为什么眼前的建筑风格没有尼泊尔特色呢？

"对啊，叔叔，我们是要离开加德满都了吗？"吉米看着两边的建筑越来越现

代，他开始着急起来，来到这里还没好好玩呢，难道就要走了吗？最主要的是，他还没吃到这里最有特色的美食呢。

　　"吉米，你这个小馋猫，我猜你肯定是没吃到好吃的，心有不甘吧。哈哈，孩子们，不要着急，我们现在并没有去其他地方，我们还在加德满都呢。你们看远处的那些建筑，是不是很熟悉呀！"大胡子叔叔指了指不远处的那些建筑，几个失落的小家伙这才抬头仔细地观察起来。

　　"咦，那里好像是昨天我们才参观过的杜巴广场呢。"映真先认出了远处的那些建筑。

"那不是昨天我还说颜色很好看的那栋楼吗！"吉米看了看，同意映真的看法。

　　"哈哈，没错，那里就是杜巴广场。我们现在走的地方离杜巴广场不远，位于广场的北面。我今天要带你们去感受加德满都现代的一面。免得你们一直在疑问，为什么这里看起来没有一点现代气息。"大胡子叔叔笑着说。

　　"大胡子叔叔，那里会有高楼大厦吗？怎么都没看到呢？"一路上，花花一直留心观察街边的建筑，却始终没发现高楼的影子。

　　"在加德满都这个比较传统的城市里，想看到非常现代的高大建筑是件非常困难的事情。但是城市里的生活模式在这里却可以得到很好地体现。好了，孩子们，我们现在所在的地方是加德满都的商业区，很多来自不同国家的人都会到这里购物。"大胡子叔叔回答说。

　　"哦，原来这里是逛街购物的地方啊。怪不得有好多人呢，像极了那些专门卖东西的商品街。"映真说道。

　　"这里跟北京的王府井真像，不过这里的店没王府井多。"

哈哈，没错，那里就是杜巴广场。我们现在要去的地方离杜巴广场不远。

27

花花脸上又露出了得意的神情。

　　这里街面不宽，但是店铺很多，一间接着一间。琳琅满目的商品摆满了整间店。

　　"大胡子叔叔，这里怎么有这么多卖东西的店啊，每一间我都觉得非常有特色。"大家看到眼前的场景都很兴奋。尤其是吉米，一会儿看上了这个，一会又要买那个，恨不得把所有商品全捧回家去。

　　大胡子叔叔说："孩子们，这里算是加德满都最繁华的地方，离咱们住的地方也不远呢。现在我带你们好好地参观参观吧。"

　　"大胡子叔叔，这个地方叫什么名字呢？"孩子们直直地盯着大胡子叔叔，希望能从大胡子叔叔那得到满意的答复。

"哈哈，孩子们，你们不知道吧。这里是加德满都的泰米尔区，有'小香港'之称。在这条窄窄的街道里，繁华都市能看得到的商品这里也能看见。走在这条街上，你们根本想象不到加德满都是一个经济落后的地方。"大胡子叔叔笑着说。

大胡子叔叔说完，看着身边的三个孩子。人来人往的窄窄的街道上，除了商家就是游客，还有那些看起来非常现代的小店招牌。放眼望去，就像大都市的繁华街道。

"这里和香港真的很像呢。"三个孩子里面，只有映真跟着爸爸妈妈去过香港。听完大胡子叔叔的描述，他点头表示赞同。

"当然。这里聚集了世界各地的游客，只要细心观察，你就

这里跟北京的王府井真像，不过这里的店没王府井那里多。

可以在四周看到很多不同国家的人。看，映真，那几位好像是韩国人哦。"大胡子叔叔指着不远处迎面走来的几个人对身边的孩子们说道。

　　"这里之所以会吸引这么多的游客来此游玩，最主要是因为这里商品齐全，如果你在别的地方找不到某些商品，那么直接来泰米尔好了，这里一定有你想要的东西。举个例子，比如无线网络，即使在繁华的大都市里，想要一整条街都覆盖无线网络也是一件很困难的事情。但是在泰米尔街道的任意一个角落，都有信号很好的无线网络。这对于有些需要网络来办公的人绝对是一个福音。"大胡子叔叔一边捋着他的长胡子，一边对大家说。

　　"真的吗？早知道我就带上笔记本电脑了，我可以在这里和爸爸妈妈视频聊天，给他们介绍加德满都。"花花有点惋惜地说道。

　　"孩子们，咱们尽情地游览加德满都的小香港吧，下次有机会我再带你们去香港看看，你们比较一下，这里跟香港有哪些不一样的地方。"大胡子叔叔招呼着三个孩子朝前面走去。

　　走在这条热闹的街上，虽然街面很狭窄，游人却很多，几个孩子能在这个以传统文化闻名的地方感受这种现代的气息，也是别有一番趣味。

　　花花跟映真已经朝前跑去了，吉米像只小猴子一样，东奔西跳的，好不快活。大胡子叔叔笑呵呵地跟在孩子们身后，慢慢地逛着这个充满特色的地方。

　　泰米尔是如此现代，没有丝毫传统气息，尽管它位于一个非常传统的地方。

12点了！

第5章
好精美的午餐啊！

"叔叔，我的肚子已经开始咕咕叫了！咱们去吃饭吧。"吉米已经饿得不行了。可是映真和花花似乎一点都不饿，他们仍然兴高采烈地闲逛着。

大胡子叔叔听到吉米的喊叫，这才回过神看了看手表。"啊！没想到现在

该吃饭了，我好饿~

已经中午十二点多了，怪不得吉米的肚子都开始抗议了。孩子们，咱们去吃饭吧。"大胡子叔叔边说边把映真和花花叫了回来。

"这个地方太美了，我们都忘记时间了。"映真感叹道。

"是呀！这么多精美的商品，真想全都买回去。不过啊，即使在这么美丽的地方，吉米满脑子想的还都是吃呢！"花花边说边笑着看向吉米，映真听到花花的话，也忍不住爆笑起来。吉米被他们两个笑得脸刷一下就红了。

"我的肚子自己要抗议，我也没办法啊。"吉米一脸无辜，看向身边的大胡子叔叔。

"哈哈，孩子们，确实到了吃午饭的时间，我们要养成按时吃饭的好习惯，这样对我们的身体才有好处。走吧，我们去找吃饭的地方吧！不过我得先问问你们，想不想尝尝地道的尼泊尔美食？"大胡子

好饿！

叔叔弯下腰，微笑着问几个孩子。

"大胡子叔叔，你怎么这么问？难道之前我们吃的那些都不算是尼泊尔美食吗？"映真好奇地问大胡子叔叔，眼睛却看着身边的吉米和花花，看样子他是想让他们都赞同自己的看法。果然，两个人使劲地点着头，看来映真的疑惑他们也有。

"哈哈，孩子们，你们想想，如果吃美食的地方非常有民族特色，你们会不会认为那里的食物更正宗一些呢？今天，我带你们去一家非常有特色的餐厅吃饭。在那里，你会觉得好像在当地

人家里一样。"大胡子叔叔边走边说，眉头上扬，看着眼前三个小家伙。

"哇，那一定是很正宗的尼泊尔美食啦？"吉米说到这里，忍不住直咽口水。

"我们今天可以好好品尝一下加德满都最传统的美食啦。咱们快走吧，大胡子叔叔，我的肚子也开始咕咕叫了。"花花走在了最前面，吉米和映真也快步地跟在她身后。

没过多久，大家来到了一栋很有特色的建筑前。

"孩子们，这是尼泊尔非常有名的餐厅，这里的一切都非常独特，就连里面的装饰和摆设都非常具有民族特色。"大胡子叔叔介绍说。

"哇，看起来不错嘛！我们赶紧进去吧。我很想知道里面到底有什么好吃的。"花花感叹道。

一推开门，餐厅里穿着漂亮民族服装的服务员就热情地迎了上来。他们满脸微笑地招呼着光顾餐厅的每一位顾客。浓郁的尼泊尔风格装饰、精美的雕饰让整间餐厅就像是把加德满都大街上的那些建筑都搬来了店里一样。

"真是个精美的地方。如果大胡子叔叔不告诉我这里是餐厅，我一定会把它当成一个博物馆。实在太漂亮了！"映真环顾四周，到处都是浓郁的尼泊尔风格的装饰以及精美的雕饰。

吉米，你这样的坐法错了哦。在尼泊尔地区，吃饭的坐席都是有讲究的。你还是让服务员教你吧。

"映真哥哥，你不要再赞美了。等吃饱了再说也不迟啊。"一边的吉米可没有心思欣赏这里的环境了，他一边说着，一边找地方坐了下来。

"吉米，你这样的坐法错了哦。在尼泊尔，吃饭的坐席都是有讲究的。你还是让服务员教你吧。"大胡子叔叔看着吉米没按规矩就坐了下来，赶紧出言阻止他。站在一旁的服务员面带微笑，上前耐心地教三个孩子如何入座。

"哈哈，原来在这里吃饭要脱下鞋子，盘坐起来呀！"花花按照服务员的指导，最先坐好，映真和吉米也学着花花的样子坐了下来。

"叔叔，我们赶紧点菜吧。我太饿了。"吉米肚子里的叫声越来越响亮了。

"小家伙，我就知道你饿了，所以我在来的路上，已经将美食提早订好了。你们等一会儿，很快就可以用餐了。"大胡子叔叔笑了。

"你订了什么好吃的呢？"吉米歪着头，好奇地问。

"别急，听我慢慢给你们说，在传统的尼泊尔美食中，套餐是最具特色的。不仅食物的菜式多，就连上菜的顺序都非常有讲究。这里的套餐有很多种，我为你们订了最畅销的一种套餐。"大胡子叔叔说。

"大胡子叔叔，这里的餐具也很有特色呢，真漂亮！"花花指着桌上的餐具说。

"对，这些都是用尼泊尔当地的黄铜和陶土制成的。样式也非常具有地方特色。"

在等餐的时候，大胡子叔叔给身边的三个孩子介绍着眼前的这些餐具。三个孩子聚精会神地听着。

"你们点的餐来了。"几位服务员将大大的盘子摆放在大家眼前。盘子里有豆子、土豆、水牛肉等食物。吉米看得口水直流："叔

叔，我们快吃吧，我快饿晕啦！"说完，他便拿起筷子准备夹菜。

"等等，吉米。按照当地风俗，在第一盘菜上来后，我们必须先把一些食物放在面前的小碟子里。"大胡子叔叔制止了他的行动。

"啊？好吧，我们要入乡随俗才对。"吉米突然想起大胡子叔叔曾叮嘱大家的话——要学会入乡随俗。他将盘里面的菜挑出一部分放到了面前的小碟子里，映真和花花也照着做了，大家这才开始吃饭。

没过一会儿，服务员为大胡子叔叔端来米酒。吉米嘴馋，看见什么都想尝试一下，他正打算端起杯子尝一口时，坐在他旁边的大胡子叔叔又出声了。

"吉米，小孩子不可以喝酒哦。而且，这种酒是本土烧酒，酒精度数可不低哦。"大胡子叔叔告诫到。

　　"啊，我还以为是饮料呢！"听完大胡子叔叔的话，吉米急忙将手中的杯子放下，他的样子惹得映真和花花大笑起来。

　　每当大家将桌上的食物吃得差不多时，站在一旁的服务员就会贴心地端上下一道菜。一道接一道的美食，从配菜到主食，从小吃到甜点，都包含在那份套餐里。花花和映真开心地吃着，连说话的时间都顾不上。吉米专心地吃着盘子里的美食，头都不舍得抬一下。

　　"孩子们，吃得还满意吗？"酒足饭饱后，大胡子叔叔询问身边三个孩子。

　　"天啊，我的肚子好撑啊，这些食物太好吃了！我现在都快走不动路了。"总算将那些食物都吃完了，吉米已经撑得不愿说话了。

　　"对啊，这些美食真的太好吃了。虽然它们看起来很普通，但是味道却非常好呢！"映真也抱着自己圆圆的肚子说。而坐在一边的花花一句话都没说，看样子她也吃撑了。

　　"在加德满都，这种地道的尼泊尔美食餐厅可不只有一家哦。就在离这里不远处有一家更有特色的酒店——杜瑞卡酒店。那里不光食物非常具有民族特色，建筑也都非常精美。杜瑞卡酒店是一个带着浓郁的尼泊尔传统风味的庭院，一幢幢红砖建筑被青色包围着，里面有大量的尼泊尔传统工艺装饰。而最有特色的是酒店的每一间客房里都

完整地保留了当地居民的生活方式。"大胡子叔叔介绍道。

　　"哇，如果住在那里，就像住在历史里一样啊！大胡子叔叔，我们有机会去那里玩吗？"花花听完大胡子叔叔的描述，心里好奇不已。她好想去亲身体验一下，可是她做不了主，她看了看身边的映真，又看了看大胡子叔叔。

　　"哈哈，花花，你的愿望我可以满足哦。改天我们有时间就去那里体验一下。好了，我们吃完午饭了，现在出去转转吧！"大胡子叔叔摸了摸花花的头，表示同意她的请求。他话音刚落，几个孩子立即欢呼起来，一行人热热闹闹地朝着下一个地方前进了。

第**6**章
关于牛节的传说

"吉米，你不要跳啦，小心摔跤。你下来，我问你一个问题。"大胡子叔叔示意正站在沙发上蹦跳的吉米安静一些。

"叔叔，你想问什么？"吉米疑惑地想，你怎么不问映真和花花他们两个呢？

"吉米，你知道哪种动物在加德满都最受欢迎吗？"大胡子叔叔笑眯眯地问着吉米，在一旁看电视的映真和花花听到这个问

题也很感兴趣，纷纷探过头来。

"什么动物？是狗吗？狗是人类最好的朋友，相信在加德满都也不例外吧。"吉米这样猜测。

大胡子叔叔笑了："呵呵，吉米，你的回答很有道理。可是在加德满都，最受欢迎的动物可不是小狗哦。告诉大家吧，这种动物就是黄牛。而那种黑黑的水牛却没有这种待遇呢。"

大胡子叔叔说完，三个小家伙你看我，我看你，没有一个人相信。同样都是牛，为什么只有黄牛受人优待，这是怎么回事儿呢？

"大胡子叔叔，为什么呢？这里的人好奇怪啊。"花花眨着葡萄一样的大眼睛问。

大胡子叔叔说："黄牛在尼泊尔人民的心目中，被认为是神的化身，是神圣而不可伤害的。对于黄牛，即使在当地的传统节日宰牲节中，也是不允许被屠杀的，这里更不允许吃黄牛肉。可惜，这里的水牛可没这么好的命了，我们在餐馆里吃的牛肉一般都是水牛肉呢。"

"好奇怪啊！同样是牛，为什么会有这么大的差距？"映真听大胡子叔叔说完，露出了惊讶的表情。身边的吉米和花花也是一脸不可思议的表情。

"在这里，有一个传说。"大胡子叔叔停顿了一下，看着眼前这三个聚精会神听他说话的小家伙，继续道，"相传，尼泊尔的建国元勋博利菲比·萨哈国王在一次战役失败后，被困在一个荒无人烟的山谷中，他没有粮食，性命危在旦夕。这时，山里忽然出现了一头黄牛，这头黄牛用奶水救活了国王。随后，博利菲比国王重整旗鼓，率领军队打败了敌人，建立了尼泊尔王国。他对黄牛感恩不尽，便下令全国臣民尊拜黄牛。这就是黄牛在尼泊尔人心目中很神圣的原因。"

"怪不得呢！"花花听完，合上了自己张得大大的嘴巴。

"尼泊尔人民不仅对黄牛很尊敬，他们还创建了一个有名的牛节

我也是牛啊！

呢！"大胡子叔叔说道。

　　"大胡子叔叔，牛节是怎么回事呢，它是黄牛的节日吗？"映真很好奇地问。

　　"尼泊尔的牛节跟黄牛有关系，但是它不是黄牛的节日，而是生活在加德满都附近的尼瓦尔人的节日。所以，关于这个牛节的庆祝活动也大多集中在加德满都以及附近的帕坦、巴格塔布尔、克特布尔等老皇宫广场。牛节一是为了祭奠在这一年中去世的家人，愿去世的亲人能早日归天，二是让家族的人欢乐，忘掉失去亲人的悲痛。节日里，尼瓦尔人把已经去世的人的照片摆在神牛模型身上，预示着神牛会带领亡灵步入天堂。家族中的少男少女也化装成牛的形象，家

族成员一起出动，锣鼓喧天，鼓号齐鸣，一起涌向皇宫广场。"大胡子叔叔解释道。

"这样说来，这个牛节跟我们中国的清明节略微有些相似呢，都是祭奠失去的亲人。不同的是，这些尼瓦尔人用欢乐的形式告慰先人。"花花听完大胡子叔叔的介绍，想到了每到清明节的时候，都要去山上扫墓。

"好奇特的告别仪式，那么牛节是怎么来的呢？"吉米好奇地问道。他还真不知道这里竟然有这么奇特的节日呢。

大胡子叔叔说："在很久以前，尼瓦尔国王的小儿子因病去世后，王后整日以泪洗面。国王看到王后如此悲痛，便安慰她说："不

在节日里，尼瓦尔人把已经去世的人的照片摆在神牛模型身上，预示着神牛会带领亡灵步入天堂。

要伤心了，你看看，有那么多爱戴你的臣民，他们不都是我们的子孙吗？我们爱他们就像爱自己的孩子一样，他们爱我们也像爱自己的父母一样。这样的劝说使王后的心情逐渐好了起来。国王为了让王后彻底地从悲伤中走出来，就专门为她设计了一项重大的活动，让整个加德满都王国当年所有失去亲人的家庭都赶着牛上街环城游行，并到王宫去向王后表示失去亲人的绝非她一人。从此以后，每年的这一天，尼瓦尔人都会举行这样的节日。"

"原来是这样啊！"映真说道。

"牛节期间，男女老少都会化装成牛的样子，在街上敲锣打鼓，妇女们都穿起红色的纱丽，家家户户的窗子上都扎上鲜花，门前摆放着放满水的大铜盆，上面漂浮着冒着香气的花瓣，整个城市一片节日的气氛。"大胡子叔叔补充道。

　　"哇，生活在这里的黄牛真幸福！"吉米听了大胡子叔叔的话，不由得羡慕起这里的黄牛来。

　　大胡子叔叔说："除了黄牛，生活在这里的小狗也是很幸运的。尼泊尔每年都会为它们举行一个节日，以庆祝狗与人类的友谊，歌颂它们的忠诚，所以生活在这里的小狗非常安全，绝不会有人伤害它们。它们就好像生活在天堂一样。"大胡子叔叔摸了摸吉米的脑袋。

　　"确实，这点值得我们学习。"花花想起了在中国虽然很多人很爱护小动物，但是仍有一些人在伤害它们。

第7章

尼泊尔人的
幸福生活

"游览了这么些天，说说你们对加德满都的印象吧！"大胡子叔叔问道。此时，他正和三个孩子坐在街边的一家咖啡店里聊天。

"古老而辉煌！"花花说，"因为这儿到处都耸立着让人惊叹不已的精美建筑！"

"温情而传统！"映真想了想说，"这儿的人们，生活虽然有些清贫，但是他们还是坚

守着传统，形成了独具特色的文化。"

"我觉得这里是一个让人非常快乐的地方！因为这里有很多的美食。"吉米嘻嘻哈哈地说着，手上还拿着刚从路边买来的美食。

"呵呵，你们说的都不错。在尼泊尔的国徽上有这样一句梵文'祖国胜于天堂'。看来，尼泊尔人将自己的祖国看得比天堂还要好。此外，也有人将尼泊尔比作亚洲的瑞士。四周连绵起伏的高峰，将这里圈成了人间的净土，也阻隔了人世间的纷扰。"大胡子叔叔对身边的三个孩子说着。孩子们听得津津有味。

　　大胡子叔叔捋了捋胡子继续说："除了尼泊尔，它的近邻不丹也是一个'幸福指数'很高的国家。那里的人生活很悠闲，尤其是学生，上午十点钟才开始上课。他们有时不背书包，手里拿着几本书就去上学了。"

　　柔和的阳光晒在几个人身上，大胡子叔叔有点昏昏欲睡了。三个孩子呆坐在那里，没过多久，吉米感到有点无聊，他在椅子上扭来扭去，有些坐不住了。

　　"咱们随便转转吧！"吉米向他的两个小伙伴建议道。

　　映真想了想，点头同意了吉米的建议。可花花不想去转，但是经不住他们两个的哀求，只得也同意了。三个孩子起身走向大街，把还

在昏昏欲睡的大胡子叔叔丢在了身后。

"哇，这条路咱们好像都没走过呢，太漂亮了吧！你们看那些鲜艳的手编大毛衣，锋利的廓尔喀弯刀，以及数不清的工艺品，我恨不得都抱回去。"花花一边走，一边感慨着。

"光是看，就是一种艺术的享受。"看着这些地摊上的小商品，映真也觉得非常兴奋。

这时，一个美丽的少女从他们身边走过，少女穿着红黑两色相间的纱丽，下摆部分还斜斜地留出美丽的层次。街上那些孩子们穿的裙子也是鲜艳的红色，像盛开的花朵一样。

"你们看，他们穿的衣服好漂亮啊。小孩子穿的衣服都跟我们的不一样呢。"花花羡慕地看着身边经过的一群孩子。

"对啊，你们看那些阿姨好像都没穿高跟鞋呢。她们在大街上都是穿着凉拖鞋或者平底凉鞋，肯定很舒服吧。"映真附和道。

"是啊。这里的人看起来好悠闲呢。"吉米也留意到了。

三个孩子边走边看，走进了一条小巷。等到他们开始转头看身边的建筑时，才发现身边的路一点儿都不熟悉，看来他们迷路了。

"怎么办啊，我们好像迷路了。吉米，都是你的错！"花花很着急，埋怨起吉米来。

"都怪你看什么都好奇，我们跟着你才走错路的！"吉米反驳道。

怎么办啊，我们好像迷路了。吉米，都是你的错！

花花急得哭了起来。她一边哭一边埋怨吉米，吉米也不让着花花，他们就这样相互埋怨着。

　　"花花，吉米，你们不要吵了，迷路是件很正常的事情啦。我们就当体验一下当地的生活吧。再说，我们可以问问别人该怎么回到咖啡店啊。"映真像个大哥哥似的，劝说着吵闹中的两人。

　　"花花对不起，我不该跟你吵架。"吉米见映真说话了，转头向花花道了歉。他一边说，一边看着身边的那些建筑。

　　"哼！"花花冲吉米扮了个鬼脸，显然她已经原谅吉米了。

　　"你好，我们是来这里旅游的。我们不小心迷路了。你们能告诉我们怎么去街口的美即咖啡店吗？"映真询问一位正在街边看报的中年男子。

花花，吉米，你们不要吵了，迷路是件很正常的事情啦。我们就当体验一下当地的生活吧。

那位叔叔微笑着回答道："哈哈，我也是来这里旅游的。不过，我在加德满都呆了好多天了，熟悉这里的环境。走吧，我带你们去咖啡店。"

"太好咯！"几个孩子高兴得跳了起来。

"你们要是不熟悉这里，肯定会迷路的。因为这里有很多小巷子。"中年男子说完，便领着孩子们向美即咖啡店走去。

"这些小巷看起来都一样，我们走着走着，就分辨不清了。"映真对中年男子说道。

中年男子笑了："哈哈，这里的小巷看起来一样，但是你们要是仔细观察，就会发现其实它们还是有很多不同的地方，每一条街上的

这些小巷看起来都一样，我们走着走着，就分辨不清了。

建筑都不太一样。你们肯定是刚来不久吧？多住一段时间就能分辨出来了。"孩子们听完，都点了点头。

"花花，吉米，你们有没有发现这里的人看起来都特别悠闲。你们看在墙角那边，很多爷爷奶奶都在晒太阳呢。街边的那些店家好像也都不忙着做生意，懒懒地靠在街边聊着天，晒着太阳。"映真说。

"对啊，这里的人们生活可真惬意啊！那里还有小小的手工作坊呢。"花花有些羡慕了。

一行人跟在中年男人的身后，穿行在小巷里。孩子们边走边看着

街边的那些人，他们如此怡然自得，任凭时间怎样流逝，他们都不会因此而改变自己的生活习惯。时间在这里好像凝固了一样。

"这个城市街道上都没什么汽车。我们在其他城市都可以看到很多的车呢。"吉米自言自语道。

"我想是因为这里的街道很狭窄吧，汽车通行比较困难，而摩托车却非常适合在这样狭窄的道路上骑行，所以这里的人都喜欢骑摩托车。我是这样认为的。"映真听到吉米的疑惑，连忙说出了自己的想法。

"这路确实很窄，我们三个人并排着走都感觉有点儿拥挤呢！吉米你这个小吃货该减肥了。"花花打趣道。

"花花又故意气我了！"吉米对身边的映真抱怨道。映真则笑着看着两个人斗嘴。

"你们要去的地方就是前面那栋最高的红色建筑。我先走了，你们要乖乖回去，不要再走丢了。"中年男子热情地与大家告别，孩子们纷纷表示感谢。

孩子们朝不远处的那栋房子跑去。他们猜想，大胡子叔叔一觉醒来没看见他们，一定会着急的。

果然，大胡子叔叔此时正在咖啡店外向路人打探孩子们的去向。

"大胡子叔叔，我们回来了。"几个孩子看到人群里焦急的大胡子叔叔，大声呼叫道。大胡子叔叔听到熟悉的声音，一颗悬着的心终

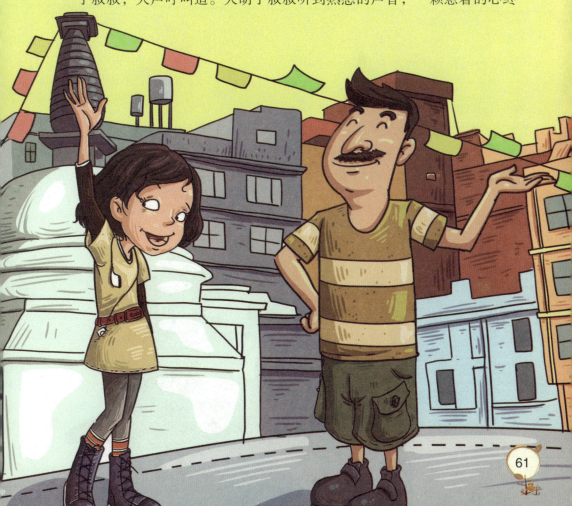

于放了下来。

"孩子们，你们又到处乱跑了。我很担心啊！"大胡子叔叔的额头冒出了汗。

几个孩子愧疚地低下了头，他们连连说着对不起。大胡子叔叔见他们这样，也就不忍再责备他们了。他领着孩子们慢慢地朝住所走去。

孩子们见大胡子叔叔没责怪他们，心情顿时好了很多。三个人边走边谈论着他们在小巷里看到的风景。每个角落，每一处景都给人留下深刻印象。

第8章

古城巴德岗

"吉米、映真、花花，赶紧起床了，我今天要带你们去一个好地方哦。"这天，大胡子叔叔早早地叫三个孩子起床。映真闻声第一个起床，吉米随后也起床了，花花见大家都起来了，只好不情愿地离开了温暖的被窝。

"大胡子叔叔，我们起这么早是要去哪里呢？"映真疑惑地问大胡子叔叔。"

"孩子们，我们今天去的地方离这里比较远，所以我们要提早出发。今天啊，我要带你们去游览一个很古老、很艺术的地方——露天博物馆。"大胡子叔叔笑着摸了摸花花的脑袋说道。

"露天博物馆？跟室内博物馆展览的东西一样吗？"吉米好奇地问着。大胡子叔叔什么都没说，只是笑了笑就招呼着三个孩子坐上汽车朝着目的地出发了。一路上三个孩子都将脑袋凑在一起嘀咕着，他们想不明白露天博物馆是什么样的。

车到站了，大胡子叔叔领着三个孩子朝前方走去。吉米瞪大了眼睛寻找着博物馆。

"叔叔，你说的博物馆呢？"吉米环顾四周，却没看到他认为的博物馆。

"对啊，大胡子叔叔，这里哪里有博物馆啊？怎么我们都没看见啊！"映真一脸好奇地问着。

大胡子叔叔看到孩子们的表情，忍不住大笑了起来。他的笑声让三个孩子更加疑惑了。

大胡子叔叔说："哈哈，孩子们，我来告诉你们吧。我说的'露天博物馆'可不是你们理解的展览物品的博物馆。这里是指巴德岗这座城市呢。当然，它还有一个别名叫巴克塔普尔。它是加德满都的一个小镇。"

"大胡子叔叔，一个镇你却说它是一个博物馆。你不是误导我们

吗！"花花对大胡子叔叔说。站在一边的映真跟吉米连连点头，一个小问题，他们都快想破脑袋了都没想明白。

大胡子叔叔说："孩子们，我没有误导你们，巴德岗的确被称为露天博物馆。它虽然是个镇，但是它的历史非常悠久。这里至今还完整保留着古老的马拉王朝的王宫，包括许多各具艺术特色的宫殿、庭院、雕像等。这些带着浓浓的中世纪风格的建筑，被誉为'中世纪尼泊尔艺术的精华和宝库'。"

大胡子叔叔说完，三个孩子长舒了一口气。一路的疑惑总算是有了答案，他们的心情马上好了起来。

"吉米，花花，你们看，前面的那扇门好特别哦。别

的地方都是红砖，就这扇门是金碧辉煌的。看起来好独特。"映真指着不远处的一扇金色的大门对身边的小伙伴说。他想再多用一些词语来形容，但是他发现自己有点词穷了。

吉米被映真的话所吸引，直接跑到大门前才停了下来，身后映真和花花也气喘吁吁地停了下来。三个孩子发现自己站的地方特别宽阔，好像是个广场。

"叔叔，这里是个广场吗？好宽阔呢。"大胡子叔叔刚到，吉米就迫不及待地问道。边问他的脑袋还不停地向四周打量着。这个地方太古老了，就跟历史书中看到的那些图片一样。

"吉米，你的头挡住我了。"花花推了推前面的吉米。

大胡子叔叔说："嗯，这里是一个广场，名叫巴德岗王宫广场。广场后面就是著名的五十五窗宫。刚刚映真发现的那扇金碧辉煌的门就是五十五窗宫的主要入口。"大胡子叔叔的话勾起了几个孩子的好奇心。

"五十五窗宫？好特别的名字啊！"吉米感叹道。花花跟映真更是将目光集中在了大胡子叔叔身上。

大胡子叔叔介绍道："这个名字很特别的建筑，它里面的装饰更加特别。等一下我们可以好好看看。据说这是很早以前国王的妃子住的地方。它的墙壁是用红砖砌成的，上面雕刻很多优美的图案。最特别的是，这座宫殿里有一座装有55扇窗户的阳台，每扇窗户都是檀香

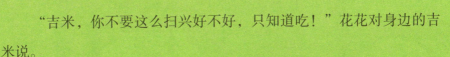

这里就是著名的五十五窗宫！

木雕刻而成的。这个阳台在全世界都很难再找到第二个了。"

大胡子叔叔一边介绍，一边领着孩子们走进金门。满墙壁的优美图案和雕刻，让三个孩子目不暇接。

"那个桃子画得跟真的似的，看得我口水都流了出来。"吉米指着壁画一角的桃子，忍不住咽口水道。

"吉米，你不要这么扫兴好不好，只知道吃！"花花对身边的吉米说。

大胡子叔叔说："好了，孩子们，我们去其他地方参观吧。这个被称为'露天博物馆'的小镇，可还有很多让人称奇的艺术品呢。而且，你们会发现有些东西在我们的博物馆里也能看到呢。"

参观完五十五窗宫，大胡子叔叔带着三个孩子朝着另一边走去。

"叔叔，看，那里有一口大钟呢！"吉米指着不远处的那栋建筑惊奇道，映真跟花花的视线都被他吸引过去了。

"这么大一口钟，它会响吗？"映真好奇地问着大胡子叔叔，他见过大钟，但是这么大的钟他还是第一次见呢。

　　"这个大钟也有很长的历史哦。它现在被当成观赏的艺术品，但是，在手表还没出现的古代，它可是提醒人们的工具呢。这里的人们常常是一听到钟声，就知道到了该熄灯睡觉的时间了。"大胡子叔叔耐心地为孩子们解释着。

　　"哇，这么神奇啊，这里的古人可真聪明呢。"映真不禁赞叹道。

　　"是啊，你们可不能小看了这个城市哦。这里虽然经济没有其他地方发达，但是这里的制陶业和纺织业在世界上是非常有名的。这两种手工业可是养活了这里很多的人呢。"大胡子叔叔接过映真的话。三个孩子连连点头。

　　"大胡子叔叔，你看他们的帽子好漂亮啊！"花花看着身边经过的一群游客，他们戴的帽子非常有特色，忍不住就叫了出来。

　　大胡子叔叔说："他们戴的那种帽子也是这里的特色哦，你们可以买几顶回去送给你们的小伙伴哦。"

"我要去买帽子……"花花一听说是这里的特色，没等大胡子叔叔说完，就朝着不远处的纪念品商店跑去了。

"我也要去，等等我……"吉米和映真喊道，也跟着跑了过去。

第9章

这里节日真多

难得有一天早早地吃完了晚饭，大胡子叔叔没给孩子们安排出去闲逛。跑了这么多天，孩子们肯定都很累。大胡子叔叔早早的就叫他们回去休息了。三个孩子待在房间里，

聊着这些天在加德满都的所见所闻，每个人都抢着说了很多。可是一谈到关于加德满都的那些节日的时候，他们却安静了。

映真说："花花，吉米，你们有没有发现加德满都好像有很多节日呢。咱们才来这么短的时间，就遇上了这么多的节日。节日不都是有固定时间的么？"

"对啊，在中国，什么时候过什么节，那都是固定的。我最喜欢春节了。那时候我就可以跟爸爸妈妈出去玩了。"花花说。

"我最喜欢过的是圣诞节，因为可以收到圣诞老人的礼物哦。"吉米打断花花道。惹得花花一阵埋怨，两人又争吵起来。映真满脑子的疑惑，也没心思理会他们，直接去敲响了大胡子叔叔的门，希望他能给以解答。

大胡子叔叔知道了映真的来意，忙夸映真是个好学的孩子。他轻轻地摸着映真的头，与映真一起回到了孩子们的房间。吉米和花花看到大胡子叔叔进来，这才停止了争吵。

"哈哈，映真真是个好学的孩子。你们两个可要好好跟他学习呢。映真刚刚问的问题，你们好奇吗？"大胡子叔叔看着刚停止争吵的两人，故意问道。

大胡子叔叔一提醒，吉米这才想起他好像也很好奇这个问题的。

"对了，叔叔，你知道这里为什么有这么多节日吗？"吉米刚将自己的疑问提出，花花在一旁连连点头。

"宰牲节"

　　大胡子叔叔在房间里坐下，这才慢悠悠地提问道："那你们说说，咱们都遇到了哪些节日啊？"

　　"宰牲节。"映真抢先回答道，这个节日给他留下的印象最深刻。

　　吉米说："神牛节。"

　　花花说："德赛节。"

　　三人一人说了一个，想了一会儿，似乎没有了。三人这才看向坐在对面的大胡子叔叔。

　　大胡子叔叔说："嗯，孩子们，你们说的都不错。这些都是尼泊尔重要的节日。当然这里的节日可不止这些。根据尼泊尔旅游机构对外公布的资料来看，尼泊尔全国各种节日每年多达300多个。也就是说，在任何时候来尼泊尔，都可能看到各类多姿多彩的节日活动。"

"牛节"

"德赛节"

  "一年有300多个节日！那几乎每天都是节日，但我们并不是每天都能遇到呢。"映真抱着脑袋在想着，除了那几个节日，他们好像都没遇到其他节日了。

  大胡子叔叔解释道："有很多节日他们不会弄得那么隆重，所以像我们这样的游客就不知道。此外，他们这里的每一个节日的举办时间都不是固定在某一天，常常是庆祝一段时间。所以，不能遇到很多节日也是正常的。"

  "怪不得呢，原来是咱们来的时间不对呢。"花花对身边的映真说道。映真听完，连连点头。

  "叔叔，这么多节日里，有哪些节日比较好玩呢？你给我们介绍介绍吧。这里的小孩子可真幸福！"吉米好奇地问着大胡子叔叔。在

星期五

儿童节

他看来，一个圣诞节就已经够热闹了，若是一整年都在过节，都在庆祝，那该多好啊。

"对啊，大胡子叔叔，你赶紧给我们介绍几个吧。"花花和映真也好奇道。

大胡子叔叔笑着喝了一口水，开口道："这里的节日很多，但是有些节日是为特定人群设立的，就像中国的儿童节、妇女节。尼泊尔有一个节日叫蒂吉节，它是尼泊尔的妇女节。它的举行时间是每年的

公历8—9月。若是在此时来这儿游玩，便随处可见那些穿着红色纱丽的女子。她们斋戒、沐浴，然后去神庙祈福。"

大胡子叔叔看了看三个孩子，接着说道："尼泊尔人也有自己的母亲节，节日当天，无论男女老少，每个家庭都会庆贺。小孩子会拿出自己的零花钱为母亲买一份小礼物，出嫁的女儿都会带着礼物回家和母亲团聚。这天到处都洋溢着节日的气氛。"

"这真是一个充满温情的城市！"听到这里，花花忍不住赞叹起来。

大胡子叔叔点了点头，表示赞同花花的话。"在尼泊尔，还有一个节叫点灯节，它是尼泊尔全民族的喜庆节日，持续五天的时间，且每一天的主角都不一样。节日期间，家家户户都会点油灯、放鞭炮来庆祝。"

　　"这里既有屠宰牲畜，又有节日专门来敬拜那些动物，这里的人们到底是喜欢动物还是不喜欢动物呢？"吉米忍不住发出了疑问，叔叔说的那些他是越来越糊涂了。

　　"不同地区的人们有不同的文化习俗。在尼泊尔，乌鸦、狗都被认为是很吉祥的动物。因此，才会有敬这些动物的节日。"大胡子叔叔说。

　　吉米听了大胡子叔叔的介绍，这才消除心中的疑惑。映真和花花则在一旁边听边点头。

原来乌鸦在这里是吉祥的动物！

"大胡子叔叔，那他们有春节吗？"花花问。

"有的，在尼泊尔，德赛节是最盛大、庆祝时间最长的节日。它就犹如中国的春节一样，节日期间，举国同庆，场面热闹非凡。"大胡子叔叔解答着。

大胡子叔叔捋了捋胡子继续道："尼泊尔人的思想比较传统，他们坚守自己的信仰。所以这里形成了这么多的节日。尼泊尔还有一个节日叫洒红节，这是尼泊尔最色彩缤纷、最欢乐的节日。"

"洒红节？"孩子们瞪大了眼睛。

"在这个节日期间，除了家人会互相在脸上或头上洒红粉，彼此祝福以外，陌生人也可以相互抛洒红粉。若是这个时候你被淋成了一只红色的落汤鸡，可千万不能生气，因为尼泊尔人把红色当作吉祥如

这里的人崇拜小狗？

意的象征。"

　　孩子们似乎总也听不够，他们缠住大胡子叔叔，让他讲了一个又一个尼泊尔的传统节日。

　　大胡子叔叔看了看表，发现时间已经很晚了，他决定叫孩子们休息了。

　　"孩子们，尼泊尔的民俗节日还有很多呢。一时半会儿可是说不完的。很晚了，你们先睡觉，等回去的时候我再慢慢给你们讲。以后你们长大了也可以自己去查阅有关的书籍，学习更多关于尼泊尔传统节日的知识。"

　　孩子们听大胡子叔叔的话，乖乖地爬上床。不一会儿，他们就进入了甜甜的梦乡。

第**10**章

寻找喜马拉雅

"孩子们，今天我带你们去看喜马拉雅山！"大胡子叔叔一大早就宣布了这样一个好消息。

"喜马拉雅山？是那个世界上海拔最高的山脉吗？"映真瞪大眼睛看着大胡子叔叔，心想大胡子叔叔不是在开玩笑吧。

大胡子叔叔肯定地点了点头，映真简直不敢相信自己的耳朵，他

们这就要去近距离感受世界最高峰的雄伟了吗？

"啊，我们是去登山吗？"吉米好奇地问。去看喜马拉雅山？难道是要爬上去吗？

大胡子叔叔似乎看出了他们的想法，笑着解释道："孩子们，你们似乎想错了哦。咱们可不是去登喜马拉雅山。喜马拉雅山海拔高，自然环境恶劣，若不是受过专业训练的人，是绝对登不上喜马拉雅山的。我们今天要去的是一个被称为'喜马拉雅山的观景台'的地方。"

"喜马拉雅山的观景台，这是一个地方吗，为什么叫这个名字呢？"花花疑问道。

大胡子叔叔说："喜马拉雅观景台指的是一个名叫纳加阔特的地方。它是靠近喜马拉雅山的一处村庄。它之所以被称为喜马拉雅山的

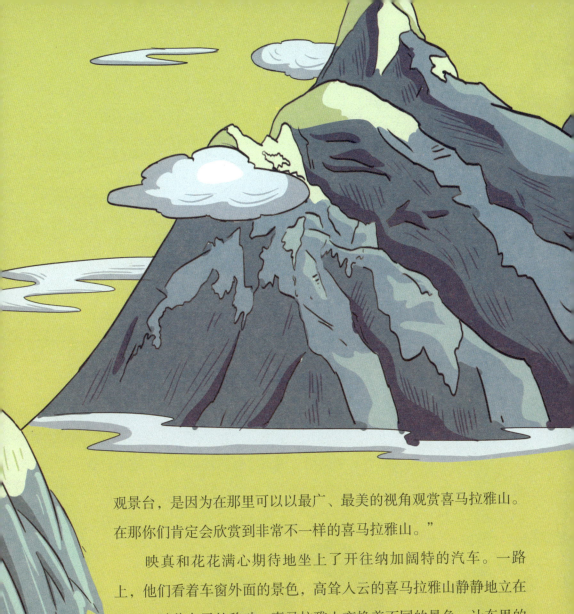

观景台，是因为在那里可以以最广、最美的视角观赏喜马拉雅山。
在那你们肯定会欣赏到非常不一样的喜马拉雅山。"

映真和花花满心期待地坐上了开往纳加阔特的汽车。一路
上，他们看着车窗外面的景色，高耸入云的喜马拉雅山静静地立在
那里。随着车子的移动，喜马拉雅山变换着不同的景色，让车里的
三个孩子兴奋不已。

跟在大胡子叔叔的身后，踏上了纳加阔特的土地。三个孩子
发现刚刚在车上看到的雪山早已变样了。

"映真，吉米，你们看，喜马拉雅雪山就像一条玉带横
挂在空中呢。跟咱们在车上看到的一点都不一样。"花花

早已兴奋地拿着相机不停地拍着。

　　"对啊，从这里看喜马拉雅山真是太漂亮了！你们看，那座最高的山峰是珠穆朗玛峰吗？"映真用手指着远处的一座山峰问道。雪山虽然离得远，但是看起来就像在眼前一样。

　　"是的，孩子们。今天的天气不错，我们可以看到珠穆朗玛峰。我们现在所处的位置，在古时候可是只有国王才能来的呢。"大胡子叔叔神气地说。

　　"真的吗？那咱们不是享受到了国王才有的待遇啊。"吉米自豪道。

　　大胡子叔叔说："现在，这里成为观赏日出及日落最好的地方。

此外，遇上天气好、能见度高的时候，我们在这可以看到包括珠穆朗玛峰在内的多座世界上都非常有名的山峰。"

听完大胡子叔叔的介绍，三个孩子兴奋不已，眺望着远处的山峰。

"西边的是什么山峰啊？"花花指着西边的那座山峰问大胡子叔叔。

"那是安娜普纳群峰，由一系列高峰组成，也是一座非常有名的山峰。"大胡子叔叔介绍说。

"我真的好喜欢这里啊！"花花说，"如果每天能一边欣赏这么美的风景，一边写着作业，那真是太舒服了。"花花完全陶醉在她自己的想象中。

"哈哈，花花，那你就留在这吧。"吉米打趣道。

如果每天能一边欣赏这么美的风景，一边写作业，那真是太舒服了。

花花正要回答时，发现一架飞机正从自己的头顶飞过，像极了要去触摸那美丽的雪山。

"大胡子叔叔，这里还有机场吗？"映真问着。

"纳加阔特最早是一个小村庄，因为很多的游客都来这参观喜马拉雅山，这里才变得繁华了起来。现在这里不仅有机场，还有旅馆，专门招待来这儿看美景的游客呢。"大胡子叔叔回答道。

"哇，若是从飞机上看雪山肯定更加的漂亮吧！"三个孩子凑在一起想象着若是从飞机上俯瞰雪山，肯定更加的壮观。

第 11 章
徒步旅行记

"叔叔，映真，花花，你们快看！"吉米的叫声把大胡子叔叔都吓了一跳。三个人回过头，将目光转向了吉米指的地方。

快上来呀！

原来是几个背着背包的人，他们手上拿着登山棍，满脸疲惫，像是走了很久的样子。

花花和映真见吉米大呼小叫，直接就跟他吵了起来。大胡子叔叔则上前跟那几位徒步的人闲聊起来。没一会儿，那几个人继续朝前走去。大胡子叔叔这才将几个吵闹中的孩子劝停了。

"吉米，不就几个走路的人嘛，有什么好大惊小怪的！"花花气愤道。

"对不起啦。我正在观赏旁边的树林，突然冒出来几个人，吓了我一跳。"吉米解释着。

　　"好了，花花，吉米也不是故意的。对了，大胡子叔叔，那些人怎么从树林里钻出来啊。刚刚我看了一下，那里好像没有路啊。"映真急忙打圆场道。

　　"那些人是专门进行徒步旅行的人。我刚跟他们聊了一下，他们说就快走完整个尼泊尔了。"大胡子叔叔对孩子们说。

　　"徒步旅行？那不是要走很久啊。我觉得这里的路可一点儿都不好走呢。"映真说。

　　"没错！尼泊尔境内海拔差异大，这也造就了这里独特的自然人文景观，非常适合徒步旅行。所以对于每一个到尼泊尔旅行的游客，徒步旅行都是一个必定参加的项目。"大胡子叔叔介绍道。

"哇，这些人可真厉害。爬这些山很消耗体力的！"吉米在家的时候都懒得动，若是叫他去走，他肯定受不了。

"大胡子叔叔，小孩子可以参加徒步吗？"映真有点想要去尝试了。

"据我所知，由于尼泊尔的海拔差异大，在这里剧烈运动，身体会出现不适。若是要进行这种长时间的运动，体力差的人肯定不行。必须要身体各方面都比较适应高海拔才行。小孩子一般是不能参加的。"大胡子叔叔捋着胡须说道。

映真见大胡子叔叔说不行，心情有点低落。在安逸的城市呆久了，尝试一下不同的事情，有助于增长他的见识。

大胡子叔叔见映真顿时变得不开心，他也着急了。幸好刚刚问了那几位徒步者，知道有个地方相对来说比较适合小孩子徒步旅行。

"不过呢，既然来了尼泊尔，那咱们也去体验一回徒步吧，别给自己留下遗憾。"大胡子叔叔建议道。

大胡子叔叔的话让映真的眼睛里顿时有了光芒，一旁的吉米则是

小孩子一般是不能参加的！

抱着脑袋哀求着不要去。相比吉米的样子，花花似乎冷静多了，她静静地站在一边，想了一会儿，同意了大胡子叔叔的提议，吉米则是一脸不乐意的样子。

终于，在大胡子叔叔和两位小朋友的劝说下，吉米点头答应了。徒步旅行，这场艰苦的考验即将拉开帷幕。

进入检查口以后，大胡子叔叔说："我们要用7个小时，爬上1200米的山峰。"

"这么高啊！"听到大胡子叔叔的话，大家都像泄了气的皮球一样。经过大胡子叔叔的一番鼓励，大家才鼓起勇气，开始往上爬。

　　四个人沿着由原始的片石铺成的小山路向上走，大家翻过一座座山冈，走过一道道林中索桥，沿途风景旖旎。

　　"这里真美啊。这才像旅游嘛！"映真的精神最好，他欣赏着沿途美丽的风景，忘记了身体的疲惫。

　　"嗯，我觉得真像一场大冒险！好玩儿！"花花边走边采摘路边的小野花，看着远处的美景兴奋不已。

　　"我感觉自己如同置身于一幅无边无际的美丽画卷中。"吉米经过了无数次的休息和众人无数次的鼓励后，总算是体会到徒步的乐

趣。看着一路美丽的风景，他实在是忍不住感叹道。

这条登山道路中，最艰难的是一段陡直山路，共有3000多级台阶，中间没有任何的休息点。它考验着每一个登山者的体力和毅力。黄昏时分，每个人的体力几乎透支到极限。吉米就差躺在地上了，花花满脸通红，喘着粗气，映真的样子看起来没他们两个狼狈，不过也是张着嘴喘着气。大胡子叔叔正想给孩子们鼓励，忽然看见前面不远处小路边出现几间用石头和木材搭建的小房子。

"孩子们，我们到达目的地了。"大胡子叔叔笑着说。

　　吉米听到大胡子叔叔的话，顿时来了精神，拖着疲惫的身体向前走。一行人结束了这次难忘的徒步旅行。

　　这次短短的徒步旅行，让他们欣赏到了尼泊尔美丽的自然风光，前方是喜马拉雅山的皑皑雪山，身边是茂密的森林。两种极致的美，两种不同的经历。

　　这次徒步旅行让孩子们深刻体会到挑战自我，坚持就是胜利。

第 12 章

丛林秘境

"孩子们，今天我带你们去丛林骑大象！"这一天清晨，大胡子叔叔宣布今天的行程，孩子们都高兴地欢呼起来，这是多新鲜的事情啊。

"大胡子叔叔，我们要去哪里骑大象呢？我们在这里好像没看到大象啊。"映真疑惑地问道。

大胡子叔叔说："嗯，一说起大象，也许你们

看大象去了

首先想到的是我们国家的西双版纳。其实，尼泊尔也生活着许多大象。今天我就带你们去看看这里的大象吧。我们今天要去的是奇特旺国家公园，它是一个既原始又充满神秘色彩的野生动物园。那里曾是尼泊尔贵族的狩猎场，现在里面主要的保护动物是独角犀牛和孟加拉虎。"

三个孩子一听说是去动物园，更是兴奋不已。

到达奇特旺国家公园后，一行人被安排上了一艘独木舟游览纳拉亚尼河。花花紧紧地抓住大胡子叔叔的衣角，映真则牵着花花的手，安慰她不用害怕。而吉米一上船，就捉弄已经很害怕的花花："这条河里会不会有鳄鱼啊？我们会不会被吃掉呀？"

吉米一脸坏笑地看着花花，花花被吉米的话都快吓哭了。

"嗯，这个嘛，好像是有鳄鱼的哦。吉米，你可要小心啦。"大胡子叔叔笑着对吉米说。吉米吓得一屁股跌坐到了船底，惹得映真和花花哈哈大笑。

　　船儿缓缓地向前划动，两岸原始森林里的鸟儿欢快地唱起了歌。葱郁的丛林和各种各样动植物的身影不停地从眼前穿过。三个孩子看到眼前的美景，渐渐忘却了恐惧，开始谈笑起来。

　　突然船夫"嘘"了一声，顺着他手指的方向看去，果然看见在靠近河滩的地方懒洋洋地趴着一只大鳄鱼，一动也不动。他们屏住呼吸，小心翼翼地下了船。

　　走在公园的道路上，大胡子叔叔开始给孩子们介绍着："河的对岸是小象保育院，出生后的小象在这里会得到精心的照顾，并学习各种技能，比如供游人骑坐，捡拾物品等。"

　　大胡子叔叔指着身边的那栋房子说："在这个野生动物园里，生活的大都是很危险的动物。这些动物跟我们平时见到的那些温顺

的小动物可不一样，你们在这里可千万不能因为好奇随便摸那些动物啊。"

大胡子叔叔见吉米的手已经在不停的到处乱摸了，赶紧出言制止。吉米一听，赶紧将手缩了回来。

"大胡子叔叔，这里的动物看起来跟野生的没两样呢。怎么这么多人去前面的那片丛林里呢。"映真好奇地指着不远处那片丛林。羡慕着那些骑大象的人。

大胡子叔叔说："对。这就是奇特旺国家公园最吸引人的地方。我们在这里可以最直接地感受原始丛林的魅力。我们可以去丛林漫步，并且有很多种交通方式可以选择。对于那些想要深入丛林但又没时间的人来说，骑大象是很好的选择，这绝对是充满乐趣的冒险之旅。若是害怕骑大象，也可以选择景区提供的吉普车。"

一听说可以骑大象，吉米就迫不及待地跑去跟前面不远处的那只小象玩耍。见小象特别

可爱，映真也忍不住跑去跟吉米一起逗小象。胆小的花花则在远处看着他们。

在训象师的帮助下，吉米小心翼翼地爬上了象背，坐在专门给游客提供的木轿上。

"哈哈，真舒服啊，真稳当！"吉米坐在象背上，正得意地看着下面的映真和花花。但"当"字还没有说完，大象就忽然摇晃了起来，吉米感觉一阵地动山摇，似乎一不小心就会被抛出去，他吓得脸都绿了。映真和花花哈哈大笑了起来。

颠簸了几次之后，吉米慢慢适应了大象的节奏，这才感觉舒服了许多。大象不紧不慢地过了河，进入丛林，悠闲地吃着道路两旁的青

草树枝，带领他朝着丛林深处走去了。映真也骑着一头大象跟在吉米的后面。胆小的花花实在是不敢骑大象，大胡子叔叔只得陪着她坐吉普车跟着吉米和映真的象队穿行在丛林里。

"映真，你快看，那里有好多的鹿啊！"吉米指着不远处的一群鹿高兴道。

“快看，快看，那里有好多的老虎啊！”映真过一会儿也发出了感叹。

　　“大胡子叔叔，你快看，那里有好多的孔雀呢。它们还开屏了，真漂亮啊！”花花对美丽的东西很感兴趣。

　　一路上，全都是孩子们的欢声笑语，各种认识和不认识的动植物让他们兴奋不已。这茂盛的丛林之旅，肯定给他们留下了很多美好的回忆。

第13章

美丽的王后湖

"大胡子叔叔，看，那里有一个好大的水池啊！那个是池塘吗？怎么周围都没看到有河呢？"花花好奇道。

这一天，大胡子叔叔带着孩子们在位于加德满都的通迪凯尔广场游逛。花花跟映真发现在广场的北端不远处有一个比较大的水池，周围还用栏杆围住了，清澈的水面上还有一栋白色的建筑，远远望去非常特别。花花看了看四周，并没有发现有活水注入啊，怎么会有一个

水池呢？她疑惑地看向身边的大胡子叔叔。

大胡子叔叔摸了摸自己浓密的胡子，开口道："孩子们，这个像池塘的水池其实是一个人工湖。由于加德满都河谷的地势高低不平，落差较大，因此很少形成天然的水塘或湖泊。但是加德满都有许多人工挖掘的水池。这些水池大小不一，多为长方形，内有石砌池壁，外有围墙或围栏，大都是由尼泊尔历代王朝的国王们组织挖掘、修筑的。每个水池的挖掘，都是有原因或故事的。"

"啊？那大胡子叔叔，你给我们讲讲这个水池的来历吧。"花花一听到有故事可以听，兴奋地拉着大胡子叔叔不断地哀求着。大胡子叔叔见三个孩子都满脸好奇，点头答应了。

大胡子叔叔介绍道："尼泊尔人认为水是生命之源，有了水，才有生命的成长和延续。国王们挖筑水池，就是期望他们的国家昌盛吧！前面的这个水池叫王后水池，当然现在更多的人称它为王后湖。它的挖筑，是因为当时加德满都有一位国王叫普拉塔普·马拉，他的一个儿子因病去世了。王后非常悲痛，整天闷闷不乐。国王为了安慰王后，就在王宫东边不远处挖了一个大水池，并从许多圣地取来清水注入池中，在国王的努力下，王后才转悲为喜。就这样，加德满都就留下了这样的一个水池。"

大胡子叔叔边说边带着三个孩子朝着王后湖走去，隔着围栏观赏湖四周。大胡子叔叔指着水池南面的一处石雕说道，

"孩子们，你们看，那是一头大象石雕，象背上坐着的三个人据说是国王、王后和王子。"

三个孩子看着宽阔的湖面不停地赞叹着。

"真想不到，加德满都还有一处这么幽静的地方。这里好像都没什么人呢。"映真想起他们现在是在市中心，相比较人头攒动、声音嘈杂的大街，这里却显得异常的清静。

大胡子叔叔说："对，你们不知道吧。王后湖的所在地，是加德满都的市中心。因此有人也将王后湖称为'加德满都的心脏'。"

"叔叔，那位于王后湖湖心的那栋建筑是什么呢？"吉米听完大胡子叔叔的介绍，指着前面的那栋白色的建筑问着。里面好像有很多人呢。

大胡子叔叔说："孩子们，还记得我之前跟你们说过的吗？尼泊尔有一个比较热闹的节日——尼泊尔灯节。尼泊尔灯节的第五天就是兄妹节。家里的兄弟都要前往姐妹的住所接受多种颜色的点红、花环和祝福，以增进兄妹间的感情。如果没有姐妹或姐妹不在身边的可以请邻居的姐妹赐予祝福。多数人会选择前往加德满都市中心的王后湖，在那里拜神并接受祝福。

"生活在这里的人真是幸福呢。"花花听完大胡子叔叔的介绍，眼睛一直看着不远处的那栋建筑，感慨道。

第**14**章
萨加玛塔
国家公园

　　大胡子叔叔说："孩子们，今天我要带你们去萨加玛塔国家公园哦。"大胡子叔叔兴高采烈地对孩子们讲，他以为孩子们肯定是非常向往的样子。没想到他们一个个连头都没抬一下。看来这个地方对他们的诱惑不大。

"大胡子叔叔，那个公园有什么好玩的啊？"映真先抬头问道。他虽然不想去，可是直接拒绝别人始终是一件不礼貌的事情。

"叔叔，公园有什么好玩的啊！离我们家不远的地方就有一个，我还天天去呢。"吉米更是直接甩出了一张不耐烦的脸。

"对啊，大胡子叔叔，咱们能不能换一个地方啊？"三个孩子带着疑惑的眼神望着大胡子叔叔。他们都希望他能改变主意，换个地方。

大胡子叔叔看到孩子们的表情，忍不住哈哈大笑起来。

"孩子们，看来你们对这个闻名世界的公园一点都不了解哦。

萨加玛塔国家公园位于喜马拉雅山区，坐落在珠穆朗玛峰南坡，是尼泊尔著名的旅游胜地，北部与西藏珠穆朗玛自然保护区接壤。"大胡子叔叔笑着介绍道。

　　大胡子叔叔的话音还没落，孩子们就猛地抬起了头，不可思议地看着大胡子叔叔。一种惊讶的表情挂在他们的脸上。

　　"哈哈，孩子们，现在还不是惊讶的时候，到了那个公园，你们会更惊讶的。"大胡子叔叔给孩子们卖起了关子，没再说话。孩子们一听到他的话，直接就从床上蹦了起来，朝着外面跑去了。

　　一路上孩子们都在叽叽喳喳地讨论那个国家公园到底有什么特别的地方。大胡子叔叔则在一旁给他们解释着。

　　"其实相比其他的公园，萨加玛塔国家公园最特别的地方就

海拔8800多米

是它的海拔是一直在升高的。它的入口处的海拔是2800米左右，越走到后面海拔越高，甚至可以达到8800多米。"大胡子叔叔介绍道。

"哇，真奇特，公园最高海拔和世界最高峰珠穆朗玛峰差不多了！"映真兴奋地说。他在一本书上看到过，珠穆朗玛峰的海拔约8848.86米。

大胡子叔叔说："对啊。那是因为它就位于珠穆朗玛峰的半山腰呢。萨加玛塔国家公园包括珠穆朗玛峰在内共有7座山峰，其余6座山峰的海拔高度也都在7000米以上，还有众多的冰川深谷。在那里，我们可以看到很多稀奇的动植物和独特的自然环境。"

　　大胡子叔叔刚说完，车就到达了公园的门口。吉米一路听了大胡子叔叔的介绍，早就迫不及待想要看看这个公园了。花花跟在他的身后也跳下了车。

　　站在公园的门口，孩子们就被不远处喜马拉雅山上的雪山美景吸引住了。三个孩子像进了游乐场一样，看哪都觉得新鲜。翠绿的植被和远方的雪山交相辉映，像画里的一样，让人震惊。吉米更是眼尖地发现了不远处的树林里一些自由穿行的小动物。他兴奋地想要跑去抓它们，小动物们一听到动静就吓得全都跑开了。

　　"吉米，你有点爱心好不好。你没看见那些动物都很悠闲地在吃草啊。"花花叉腰对吉米说。

　　"拜托，我又没对它们怎么样。"吉米无奈地吐了

下舌头。

花花见吉米一脸的不屑，气得要打吉米，吉米见状跑开了。没跑两下，两人就气喘吁吁地停下了，张着嘴巴大口大口地喘着粗气，看起来非常吃力的样子。

"哈哈，吉米，花花，你们胖得都跑不动了吗？这才短短几步路的距离啊。"看到他们两人的表情，映真大笑了起来，惹来了还在喘气中的两人愤怒的眼神。

"映真，你可不能怪他们哦。他们之所以会出现这种现象，是因为缺氧。我们现在所在的地方对于我们生活的地方来说已经是高原了。刚到高原上，人的身体会出现不适，最先表现出来的就是高原反

应，每个人出现高原反应的症状都不一样。比如头晕、眼花、行走困难等。像花花他们刚刚做出的跑步的举动，在平原是很容易做到的事情。但是一旦从平原到高原，人就会出现他们这样胸闷、缺氧的症状。为了咱们的身体，像我们这些刚到高原的人还是不要做这种跑步等需要大量氧气的运动。"大胡子叔叔解释着。

听完大胡子叔叔的解释，小家伙一脸不好意思的样子，低声对身边的两个小伙伴道歉了。没过一会儿，三个人又嘻嘻哈哈地向前走。

花花指着身边的那些植物，好奇地问着大胡子叔叔："大胡子叔叔，这里的植物好像长得很整齐哦，像是被人修剪过一样。"

大胡子叔叔："这些植物会长成这样也是因为萨加玛塔国家公园地处山区，海拔高度差又很大，从而使不同的植物都能在这生存。在

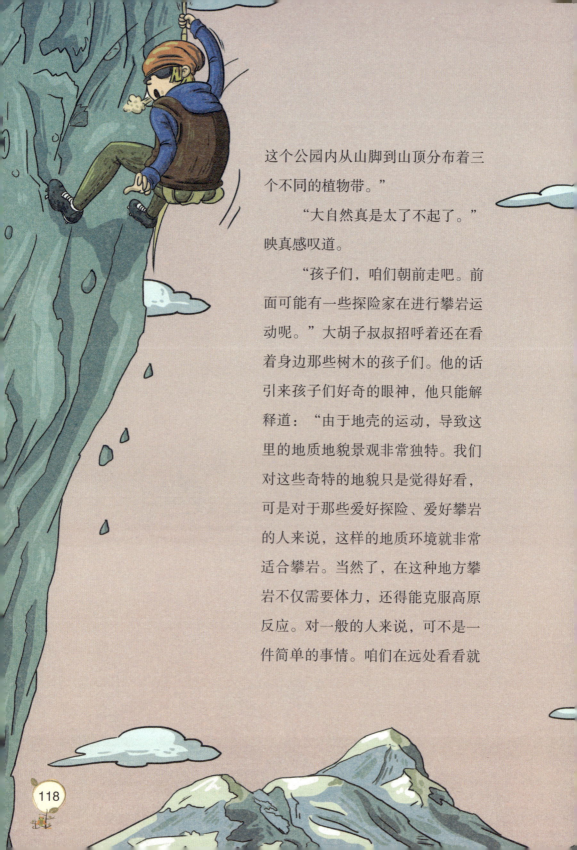

这个公园内从山脚到山顶分布着三个不同的植物带。"

"大自然真是太了不起了。"映真感叹道。

"孩子们，咱们朝前走吧。前面可能有一些探险家在进行攀岩运动呢。"大胡子叔叔招呼着还在看着身边那些树木的孩子们。他的话引来孩子们好奇的眼神，他只能解释道："由于地壳的运动，导致这里的地质地貌景观非常独特。我们对这些奇特的地貌只是觉得好看，可是对于那些爱好探险、爱好攀岩的人来说，这样的地质环境就非常适合攀岩。当然了，在这种地方攀岩不仅需要体力，还得能克服高原反应。对一般的人来说，可不是一件简单的事情。咱们在远处看看就行了。"

　　大胡子叔叔说完，领着孩子们朝着前方走去了。从不同的地方欣赏珠穆朗玛峰，看着被雪覆盖着的喜马拉雅山，这种美景，简直美到了极致，让人都忘记了时间，忘记了烦恼。这样的美景，更是让花花和映真的相机没停歇的时间。三个孩子跟在大胡子叔叔的身后，一直拍着不同的景色，都在比较谁拍的景色更加漂亮。

第 15 章
再见！迷都旧城

离开加德满都的前一夜，大胡子叔叔带着孩子们在夜幕笼罩着的城市中穿行着。在白天看起来有点吵闹、喧嚣的城市，进入夜晚，却是那样的宁静。街边的那些纽瓦丽风格的建筑静静地立在那里，见证着这个城市的变迁，守护着这个城市的人的安宁生活。

　　"真想不到，这样一个看起来一点都不像大城市的地方竟然有这么多的美景。"映真感叹着。

　　"对啊，真觉得住在这里仿佛都忘记了时间的流逝。"花花说完，思绪又飞扬起来。

　　"我真怀念这里的美食，味道真好。"吉米什么时候都不忘记吃。

　　"孩子们，看事情可不能只看表面哦。这座城市虽然没有其他地方繁华，但是生活在这里，就像生活在历史里，让人忘记时间，只感受到这宁静的时刻。你们也许不知道吧，有很多人就是来这里感受心灵的放空呢。到了这儿，就像是一切的烦恼都可以忘记一样。"大胡子叔叔意味深长地说。

三个孩子听着大胡子叔叔的话，连连点头。

坐上飞机，孩子们在飞机起飞的时候看着底下的那些景色。安宁的城市静静地立在那里，仿佛跟画里的一样。

再见了，加德满都！它就像是从历史里走出来的城市一样，让人迷茫，但是也让人安宁。

飞机呼啸而过，带着孩子们的不舍，渐行渐远。